言葉って
不思議だと
思いませんか？

その“言葉”を使うときの
人間の心理

晴《はる》香《か》葉《よう》子《こ》
Haruka Yoko

彩雲出版

はじめに――心を探る第一の扉

言葉っておかしいな……と思ったことはありませんか?

「絶対」
と言うとき、その言葉を発した本人が、内心一番疑っていたり……。

「いつまでも」
と言うとき、既にその胸の内は変わりつつあったり……。

何かを伝えるための行為でありながら、多分にその言葉どおりではありません。
そして、その背景にある出来事や心理も、実に様々です。

例えば、私たちは、少しもそう思っていないときでも
「そうだね」
と言うことがあります。

ぼんやりしていて……。
他に気になることがあって……。
別にどうでもいいと思って……。
相手に嫌な思いをさせたくなくて……。
機嫌をとりたくて……。
迎合《げいごう》して……。
すり寄りたくて……。
事を荒立てるのも何だから……。
面倒なことにはならないように……。

「そうだね」という言葉が意味しているものは、単なる〝同意〟ではないことのほ

うが多いのです。

では受け取り側は？　といえば、こちらもやや勝手気ままな面があります。好ましいことを言われれば、ついそのまま受け取りたくなってしまうし、好ましくないことを言われれば、〝本心は別にある〟と思いたくなってしまうのです。

このように、言葉というのは、発する側も受け取る側も、そのままの意味で使っていないことが多々あります。それなのに、多少の誤解やトラブルが生じることはあっても、ほとんどの人がこれといって疑問を抱くこともなく、日々言葉を使って何かを伝え、受け取り、家族・コミュニティ・社会生活が成り立っています。

これはよくよく考えてみると、ちょっと不思議なことだと思いませんか？

極端なことを言えば、人間社会は憶測《おくそく》と捏造《ねつぞう》で成り立っているようなものです。

この本では「良い悪い」ではなく「あり得ること」として、「言葉を発するときの人間の心理」を覗《のぞ》いてみたいと思います。

もちろん、言葉の奥にある心理は人によっても状況によっても変わりますから、絶対にこうだと決めつけることはできません。

「愛」という言葉ひとつをとってみても、その言葉にまつわる心理を突きつめていけば、控えめに見積もっても、少なくとも分厚い本一冊以上にはなるでしょうし、どのような言葉であっても、ほんの数ページで「書ききる」というのは不可能でしょう。また、言葉の使われ方というのは、時代とともに絶えず変化していくものでもあります。

ですから私はこの本を、言葉と心理について「書ききる」ためやその関係を「定義づける」ためではなく、ただシンプルに

「ちょっと気持ちが楽になれば……」

と思って書きました。

ここで紹介する33の言葉は、全部誰にでもあること、誰の心にも浮かぶ可能性のあるものです。私自身がよく使う言葉もたくさんあります。

それらの言葉が使われるときにありがちな前提や抱きがちな心理を、ほんの一面にはなりますが、いくつか取り上げて解説しながら、傾向を探っていきたいと思います。

言葉の奥にある本音や人間の本性の一端を垣間見る《かいまみる》ことができると、スッと肩の荷が下りるような心地にもなりますし、人間関係も楽になります。使う言葉の選び方も変わってくるでしょう。

〝言葉〟には、摩訶不思議《まかふしぎ》な機能があり、人間の心を探る一枚目の扉なのです。

二〇一五年十二月

晴香葉子

❖目次❖

はじめに――心を探る第一の扉　1

第一章❖会話の言葉

1. 信じる　12
2. 許す　16
3. できない　22
4. 思うけど言えない　27
5. わかった　31
6. 考えとく　36
7. 勝手にしろ　39

言葉の心理学 1　はじめに言葉があった――言葉の起源――　44

第二章❖恋愛の言葉

8. 純愛　50
9. 恋心　54
10. 心変わり　59
11. 運命　63

言葉の心理学 2　オックスブリッジ・アクセント――言葉の習得――　68

第三章 ❖ 人間関係の言葉

12. 人間関係 74
13. トラブル 78
14. 嫉妬《ジェラシー》 82
15. 依怙贔屓《えこひいき》 87
16. 知ったかぶり 91
17. ここだけの話 94
18. 悪口 97
19. 褒める 100
20. 感謝 105
21. 傷ついた 109
22. 愛 113
言葉の心理学3 プラグマティックス——言葉の意味—— 119

第四章 ❖ 在り方

23. 続かなかった 128
24. やる気がでない 132
25. 決められない 136
26. だってしかたがない 140
27. 私なんて 143
28. がんばる 147
29. 自尊心《プライド》 151

言葉の心理学4 ポライトネス——言葉の心地よさ—— 155

第五章❖人生を彩る言葉

30. 情熱 162
31. 希望 166
32. 幸せ 171
33. 自由 176

おわりに——言葉の不確実性 180
参考文献 182

装丁・本文デザイン／小室造本意匠室

言葉って不思議だと思いませんか？——その〝言葉〟を使うときの人間の心理

第一章 ❖ 会話の言葉

1. 信じる

あなたはちゃんと
私の思ったとおりに動いてくれる人ですよね、
という意味

❖前提にあるもの❖

「相手が自分の思ったとおりの人であって」という気持ち

❖頻出するシチュエーション❖

人をあてにしているとき・都合のいいように期待しているとき

「信じる」という言葉は、相手を百パーセント信じきれているときには、あまり使われない言葉です。得意な仕事をするときなど、自分だけでなんとかなるシチュエーションでも、ほぼ使われません。

誰かが誰かをあてにしていて、やや疑わしい面があるものの、時間や約束、頼み事など、「守ってほしい」「ちゃんとやってほしい」という気持ちがあるときによく使われます。

「なんとかしてね！　信じてるからね！」

「あなたは期待を裏切らない人だって、信じてるから！」

「そうはいっても、やってくれるって、信じているよ」

ですから、人から
「信じてるよ」
と言われたときは、
「信じていてね」
と言うよりも
「〇日までにやっておくから、任せておいて」
など、具体的な行動をはっきりと示したほうが、安心してもらえます。

また、「信じる」という言葉は、期待が込められた言葉なので、あてにされると困るような相手から言われると、軽く苦笑いの表情になる人が多いです。

「信じてるよ」
「信じてるからね」

このような言葉を、そろそろ別れたいと思っている恋人や、貢献したくない上司から言われると、内心ぞわっとするもので、返す言葉を探して黒目がキョロキョロと左右に動きます。そして、良い返事がすぐに思いつかないと、とりあえず苦笑いになるのですね。

それから、自分自身に対して、「信じる」という言葉を使うこともありますが、それもやはり、百パーセント自分を信じきれているときには、ほぼ見られない表現です。「自分を信じてみよう」

実はセルフコントロールがちょっと苦手で、どこか自分自身の行動にあてにならない面を感じている人が使いがちな言い回しで、望みがあり、やったほうが良い事だとわかっているけれど、萎《な》えてしまいそうな自分が少し見えるときに言いがちです。

2. 許す

やや上から目線で言う言葉

前提にあるもの

相手のせいで自分にとって嫌な出来事があった・続く嫌な思い

頻出するシチュエーション

許して自分が楽になりたいとき

「許す」という言葉は、相手が起こした行動によって嫌な思いをしたときに、「あちらが悪いのだから、許すかどうかの決定権はこちらにある」と、やや上から目線で考えているときによく使われます。

「そろそろ許してあげるか」
「とても許せない」
「今回だけは許すことにした」

けれど実は、その相手も「それなら、こっちも許すものか」と思っていることがあります。一方が嫌だと思っているときは、もう一方も何かしら嫌だと思っていることが多いからです。


「この前も言ったじゃない」

「いちいちうるさいな」

「もう許さない」

「こっちこそ許さない」


家族や親しい友人など、親密な関係性の中で使われることが多いのですが、やや上から目線同士での議論なので、どこまでいっても並行線になりがちです。


けれど、「許す」という言葉が登場するとき、その心の奥には、

「許して自分が楽になりたい」

という気持ちがあることも多いものですよね。

「私は悪いことをしていない！」

と言う人にかぎって、相手が嫌だと思うことを見落としている可能性だってあります。

よくよく省《かえり》みてみれば、少しは思い当たることもあり、やや五分五分という面も否めないのであれば、こちらから一歩譲って、

「私も悪いところがあったかも。許して」

と言ってみれば、

「そんな、こっちこそ悪かったよ。許してね」

と、下から目線同士の会話になるので、落着するのが早くなります。

また、「許す」という言葉は美化されやすく、謝られたら許すべきという風潮があります。

「謝っているのに、どうして許してくれないの！」

と、怒りだす人もいるほどです。

悪いのは相手でも、許せないでいる自分を否定的に考えて、悩む人もいます。

「どうしたら許せるだろう……」

「許さなければ」と思うと、それによって苦しくなることもありますから、自分にとって決定的に嫌なことがあって、甚だ迷惑を被《こうむ》ったというときには、無理に許さなくても良いのではないかと思います。

許して自分が楽になれるのならいいのですが、納得できていないのに表面上許しても、もやもやとした霧が心に残り、人に言えない苦しみが長引いてしまうからです。

そのようなときには、

「このことだけは、一生許してやるものか」

と、決めてしまったほうが、かえってその人と関わりやすくもなるというものです。

「このことだけは許せない。でも、それはそれとして区切りをつけて、この先もなんとか関わっていく」

それで十分ではないでしょうか。

3. できない

やりたくないとは言えないので……

❖前提にあるもの❖

努力の放棄・甘え・責任の回避

❖頻出するシチュエーション❖

それほどでもないことが提案されたとき・相手に対して反抗心があるとき・気を引きたいとき

「できない」という言葉は、何かすべきこと、やったほうがいいことがあるのに、それを回避したくて発せられることが多いようです。

つまり、力不足というよりも、動機づけが足りないのです。

例えば、終業一時間前に、上司から比較的簡単な仕事を頼まれたとします。

たまたまその日は用事があって残業したくない場合などは、他の仕事があるふりまでしてこう言います。

「今日はちょっとできないです」

同じ仕事を頼まれるにしても、今月は残業代を稼ぎたいという動機があれば、自分の仕事がまだ残っていたとしても

「できますよ」

と、言います。

上司に対して反抗心を抱いている場合は、日ごろの不満がちらっと表われるような言い方をする人もいます。

「急に言われても、できないですよ」

人は気がすすまなければ、十分に実力が備わったことであっても

「ちょっとできないな」

と言いますし、どうしてもやりたいことであれば、明らかに力不足であっても

「できる！　できる！」

と言うのです。

新しい仕事を頼まれたときなどに、内心少し嬉しい気持ちはあるものの、相手の頼み方がそっけなかったりすると、気を引きたくなり、

「やったことないし、できないですよ～」

と、言ったりもします。

また、「そんなことないよ」「君ならできるよ」と言われたくて、「できない」と言う場合もよくあります。

「○○さんにって、全員一致で決まったんだよ。チャンスだと思うし、十分力もあると思うから、是非やってみてよ。大変なときは皆で協力するし、○○さんならきっとできるよ」

このくらい押してくれれば、

「じゃあ、やってみます！」

と引き受けやすくなります。このようなケースも、やはり動機づけの問題なのです。

結婚についての会話にもよく登場します。

「結婚のこととか考えてる？」

「今はできないな」

結婚というのは、基本的な作業としては、用紙に記入し押印して提出するだけですから、できないというよりも、「今は結婚に向けての努力をしたくない」という意味にとったほうがよさそうです。

「できない」
と言われたときは、まずは
「気がすすまないのかな？」
と考えて、動機づけがアップするような言葉かけをしてみることをおすすめします。

4. 思うけど言えない

実は自分を守っている

❖前提にあるもの❖

波風を立てたくない・気の弱さ・傷つきたくない心

❖頻出するシチュエーション❖

本当のところを見るのが辛《つら》いとき

確認したい気持ちと、答えを聞くのが恐い気持ちが混在しているとき、人は、「思うけど言えない」と言います。

本当のところはどうなのか、聞きたい気持ちはあるけれど、その答えによっては自分がひどく傷つく可能性があるので、無意識にそれを回避するのです。

もしも好ましい結果であるのならば知りたいし、残念な結果であれば、そっとそのままにしておきたい、そのような心境です。

片思いしているとき、その思いを言えなくて、

「それとなく、あの人の気持ちを聞いてきて」

と友人に頼む人もいます。

ＯＫをもらえそうであれば、俄然《がぜん》告白する気になるのです。

その一件に関して、結果を引き受けられない気の弱さがあり、実は自分を守っています。

クレームのような内容であっても、

「何て切り出そう……」

「いつ言おう……」

と、思い悩みます。

言ったところで返事が恐く、反撃に傷つきやすいところがあるので、傷つきやすい人や、状況によっては、波風を立てないほうが良いこともあります。

「こう思うけど、言えない」と、相談を受けたら、けしかけるようなことはひとまず控えて、言えない気持ちを否定せず、そのまま受け取り、ホッとできるような言葉をかけてみてもいいのではないでしょうか。

「無理には言わなくても、いいんじゃないかな……」

時と場合にもよりますが、心の傷口を広げる必要はありませんから。

5. わかった

話を切り上げたい・もうそれ以上言わないで

❖前提にあるもの①❖
関心の薄さ・拒否

❖頻出するシチュエーション①❖
自分が影響しなくても良い場面・これ以上話を聞いていたくないとき

「わかった」という言葉は、本当に合点《がてん》がいったときよりも、話を切り上げたいときに頻出します。

急いでいるときや、面倒なときに、

「うん、わかった」

「わかった、わかった、わかった」

と言います。

無関心であることが多いので、

「何がわかった？」

と聞きなおすと、「えっ」と驚いた顔になるものです。

基本的なところで意見が合わず、これ以上話を聞いていたくなくて、発せられることもあります。

「もうわかったから」

その言葉を真に受けて「やっとわかってくれた！」と、つい喜んでしまうものですが、〝拒否〟の意味で使われている場合、行動は伴いません。

後日、改善が見られないことに気づき、

「この前、わかったって言ってたじゃない！」

ということになりがちです。

❖前提にあるもの②❖

自己満足

❖頻出するシチュエーション②❖

自分のいいように捉えたい

「わかった」という言葉が使われるとき、実は自分勝手に解釈されていることも多いものです。

話の途中で相手が

「わかった」

と言ったら、この可能性が高いです。

自分の好きなように事を進めたいと思っているときなどは、話半分でこう言います。

「わかった！　やっておくよ！」

「わかった！　大丈夫！」

「わかった！ 任せて！」

自分のいいように捉え、すっかり思い込んでいる可能性もありますから、

「どうわかった？」

と確認すると、全く意図が伝わっていなくて、驚くことがあります。

忙しい人と、あわてんぼうさんの「わかった」は、ちょっと怪しいもの。

大切なポイントは、メモで添えましょうか。

6. 考えとく

どっちでもいい・事なかれにできれば……

❖前提にあるもの❖

決定権の放出・事なかれ主義

❖頻出するシチュエーション❖

結論を持ち越したいとき・やんわりと断りたいとき

「考えとく」というとき、その件について、「自分が決めた張本人」になるには気が引けるものの、全く関わらないのもどうかと思っていることが多いです。

「考えとく」と言われると、いつか返事がくるだろうと受け身で待ってしまうものですが、いくら待っても何も言ってこないので、こちらから催促すると、

「あ、そうだったね」

と、忘れたふりをされたりします。

急ぐ必要もないし、特に意見や希望があるわけでもなく、それなりの誰かが責任

をもって決めてくれるのであれば、喜んで決定権を譲りたいと思っています。

また、頼まれたことをやんわりと断るときに使われることもあります。

「うん、まあ、考えておくね」

否定すると角がたつので使われる便利な言葉でもあります。事なかれにすることによって、双方傷つかずに済むという良さがあります。

ですから、

「考えとく」

と言われたら、うやむやにしておくのもひとつの方法だと思います。

白黒はっきりさせることや、結論をはっきり伝えることが必ずしも良い結果を生むとは限りませんし、人間社会では、多少うやむやな部分がありつつ、なんとなくお互いの事情を汲みながら前に進んでいく、ということもあるものですから。

〝大人の対応〟というところでしょうか。

7. 勝手にしろ

お手上げ、または、反応を見たい

❖前提にあるもの①❖

責任の放棄

❖頻出するシチュエーション①❖

相手が聞く耳をもたない

「勝手にしろ」という言葉は、きっぱりと断ち切れる人間関係ではあまり使われません。

一方が何らかの責任を感じて、有り余るほど親身になっているのに、もう一方は聞く耳を持たずに勝手な振る舞いを続け、いよいよ親身になっていた側が責任を放棄したくなったとき告げる言葉です。

「もうどうでもいい。勝手にしろ！」
「もう面倒見きれない。勝手にすれば？」

くたびれ果てて発する言葉なので、

「勝手にしろ」

と言われ、

「しまった、勝手しすぎた！」

と思ったら、これまでのことを謝るだけではちょっと足りません。

「勝手ばかりしている私を、ずっと面倒見てくれてありがとう」

など、長年の感謝と労《ねぎら》いの言葉も添えましょう。

前提にあるもの②

突き放して様子を見たい

頻出するシチュエーション②

気を引きたい相手がいる

「勝手にしろ」という言葉は、本当にきれいさっぱり離れてしまいたいときに使うこともありますが、相手の反応を見るためにも使われます。

一度突き放し、相手が何と言うか、様子を見たいのです。ようはその人の気を引きたいわけです。

ですから相手が、

「ごめんなさい」

と素直に謝ってくれたら、すんなり関係も修復し、

「勝手にしろ」

と言ったほうは、その反応に満足します。

「じゃあ勝手にするわよ！」

と言われたら、

「しまった！　これはまずい！」

と思います。

反応を見たいだけで、本当に離れたいとは思っていないこともあるからです。

いずれにしても、この言葉が登場する状況は、一筋縄ではいかず、やっかい事が絶えません。

ふぅ、人間関係って疲れるものですね……。

❖言葉の心理学 1❖

はじめに言葉があった——言葉の起源——

言葉に関する研究は、心理学はもちろん、言語学、社会学、脳科学、その他様々な分野で展開されています。それぞれの研究領域は完全に独立しているというよりも、重なる部分も多く、参照し合いながら発展しています。

ここでは、言葉の心理を探る際に、知っておくと役立ちそうな情報を紹介していきます。まずは、言葉の起源について考えてみましょう。

私たち人間と他の生き物との決定的な違いは、言葉を使った高度なコミュニケーションにあります。

はじめに言葉があった。言葉は神であった。

——『新約聖書』ヨハネの福音書1・1——

よく知られた『新約聖書』の言葉ですが、ここで言う〝言葉〟とは、〝ロゴス〟——古典ギリシア語で、概念、真理、などの意味があります。

何らかの概念を言葉で表現するところから、その世界は始まり、広がっていく……。そのような流れについては、現代に生きる私たちでも、思い当たるところがあります。歴史的な大発明からちょっとした思いつきまで、私たちは言葉を使って考え、話し合い、創り上げていきます。

あまりにも当たり前のように使っている言葉ですが、言葉の起源にまつわる謎は、解明されていないそうです。直立二足歩行になり前頭葉が発達したことや、喉頭の位置が下降し、いろいろな音声を発する共鳴器が備わったということなどが、きっかけとしてあげられていますが、

初めて言葉が話されたのはいつで
最初の言葉は何で
それはどのようにして始まったのか

それらの問題は、おそらく解明できないだろうと考えられています。「はじめに言葉があった」、しかしその「はじめ」がいつだったかは、わからないのです。

これについて仮説を立てたとしても直接的な証拠がほとんどないため、一八六六年に開催されたパリ言語学会では、言葉の起源に関する研究は受け付けないという決定がなされたほどだそうです。

けれど起源論には、諸説ユニークなものがありますので、いくつか紹介しておきましょう。

＊ Invention theory
言葉は人間が発明したとする説。

＊Bow-wow- theory
犬の鳴き声など、自然界で耳にする音をまねることから始まったという説。

＊Pooh-pooh theory
「フン！」「ワー！」など、強い喜怒哀楽によって発せられた声から始まったという説。

＊Contact theory
人間同士の社会的な関わりの中で、人と人との接触が、本能的接触から心的接触へと発展する過程で、他者への命令的な発声から始まったとする説。

どれも言われてみれば、そうかもしれないと思える主張ですよね。

ちなみに私は「Family theory（家族説）」という説を考えました。

群れでの生活の中、家族単位での安全を図るために「あ！」など、親から子への注意喚起や、子から親へ呼びかけるための声などから始まり、パターン化されていくことで伝わりやすさが増し、定着していったのではないかと。

子孫繁栄という本能的な欲求を満たすことに役立って発展。

そして、はっきりと認識できる最初の言葉は、「mother」を意味するものだったのではないでしょうか。

言葉の起源にまつわる謎のひとつである、人類最初の明確な言語、それは、私たち全ての起源であるmotherという意味の言葉から始まった、そんなふうに想像してみました。

皆さんはどう思いますか？

さて次は、恋愛の場面でみられる言葉を探っていきましょう。

第二章 ❖ 恋愛の言葉

8. 純愛

なんとしても独り占めしたい気持ちが人一倍強い

前提にあるもの
強烈な独占欲

頻出するシチュエーション
独占欲の強い人が、誰かを特に気に入ったとき

尼寺へ行け
Get thee to a nunnery!
――『ハムレット』第三幕(シェイクスピア)――

シェイクスピア『ハムレット』の有名な台詞《せりふ》です。恋人のオフィーリアが、父親の命で自分のことを裏切ったと知ったハムレットは、オフィーリアのいたたまれない想いに耳を傾けることもなく、「尼寺へ行け」と繰り返しののしるのです。

尼寺へ行け。どうしても結婚するなら馬鹿と結婚しろ。

様々な解釈がありますが、実の父の死後、敵である叔父《おじ》とすぐさま再婚した母、その叔父の手下である父親の命令でハムレットを裏切った恋人、それら女性に対する失望と、それでも執着する気持ちの強さから、別れるにしても他の男のものになどは決してならないところへ追いやってしまいたいという、強烈な独占欲があっての言葉のようにとることができます。

恋をすると自分のものにしたいという気持ちと、他の人の手に渡ってほしくないという気持ちの両方が強まります。

そのような思いが強くなればなるほど、二人だけの世界を築きたいという思いも強くなり、「この愛は純愛だ」と言います。だれも割って入れない特別な関係だと思いたくなるのです。

今まで女性に対して不誠実であった男性が、お気に入りの女性をみつけて夢中になり、その様子を冷やかされでもしたときに、

「今度のは純愛だ」

といったかたちで使われることもあります。

年が離れていたり、不適切な関係であったり、二人の間柄を否定されることのある状況でよく使われます。周りから強く非難されたり、どちらかの気持ちが急に冷めたりするとトラブルに発展し、大人げない行動に出る人もいますから、ちょっと危険を含んだ言葉ともいえます。

みんなでワイワイできる明るくオープンなカップルには、まず使わない言葉です。

「純愛だ」

といった表現が恋人から飛び出したら、

「もちろんよ、わたしはずっとずっと、死んでもあなただけのもの」

と言ったほうが、恋愛が盛り上がると思います。

つくづく言葉って、人を信じさせるためにあるものですね。

9. 恋心

とにかく気になる

✣前提にあるもの✣

相手の心が欲しい

✣頻出するシチュエーション✣

生活感のない関係

「私のこと好き？」

と聞かれて、

「好きだよ」

と答えると、

「本当に好き？」

とさらに聞いてくる。


恋心とは、相手への関心が非常に高まった状態のこと。相手の心が欲しいけれど、自分が傷つかないようにしたいので、相手の態度が〝常にとにかくものすごく〟気になります。

「何してる？」
「どんな気持ち？」
「私のこと今日も好き？」

寝ても覚めても恋煩《こいわずら》い。ちょっとでも裏切られたら傷つくので、物理的に一緒にいるだけでも幸せな気持ちになります。

一人のときは、相手の写真をいつまでもボーっと見ていることができるほど。

一緒にいるところを想像しては、その人が掛け替えのない〝理想の人〟になっていきます。

ある一人の人間のそばにいると、他の人間の存在などまったく問題でなくなることがある。それが恋というものである。

――『はつ恋』ツルゲーネフ――

恋人について、人から何か否定的なことを言われたり、悪いうわさが耳に入っても、
「そんな人じゃない」
「私にはそんなことしない」
と言い張ります。

恋が入ってくると知恵が出ていく

――フリードリヒ・ローガウ――

これは、ドイツの詩人、ローガウの言葉ですが、恋心を抱くと、一時的にそれが生活のトップにきてしまうので、他のことが手につかず、仕事の生産性が極端に落ちる人が実際にいます。

恋でダメになる人って、結構いるものです。

できるだけお互いの所在を明らかにして、好意が継続していることを伝え合うと、

ひと安心でき、恋と仕事を両立しやすくなります。

また、恋心は移ろいやすいものでもあります。

恋心があるうちは、その人からもらったものなら紙切れ一枚でも宝物。でも、気持ちが冷めたとたんに、それはただの可燃ごみ。

関心が低下すると、思い出す回数が減り、もはや恋心とは言えなくなります。

「無かったことにして」

そう言い出す人もいるほどです。

10. 心変わり

自分の都合が最優先

前提にあるもの

利己主義・浮気性・一貫性のなさ

頻出するシチュエーション

見せかけによる人気が結構あるから、次の相手に困らないとき

パッと見の外見が良いので人気があり、次々と恋人候補が現れるような人に、よく見られる言葉です。

そのような人とお付き合いしていると、思いもよらないタイミングで突然別れることになったりしますから、当惑しますし、深く傷つくリスクもあります。

「他に好きな人ができたから」

というのが、抵抗なく別れの理由になる人で、

「嫌になったらやめる」ということが、恋愛以外でもよくあります。

気分でやめることに気軽なのです。

「付き合っていた人を自分がふった」

という経験談を軽率に口にしやすい人も、心変わりが多い傾向にあります。

「お互いのために」

「このままだと二人ともダメになる」

という理由を持ち出すことも多いのですが、たいていは、どちらか一方の身勝手な決断によります。

「君にとってもそのほうが」

と言う人もいますが、相手を思いやっているように見せかけて、実は自分の都合を最優先にしていますから、信用ならない言葉ですね。

付き合ったり別れたりを繰り返すカップルもいますが、それは、お互いが何度も心変わりを繰り返しているから。一夫一婦制の家族において、夫婦は助け合いの最小単位。心変わりの多い人、身勝手な人は結婚にはちょっと向きません。

美人や美男子など、自分に自信がある人は、心変わりの多い人を恋人にもったときに、

「私が相手なら大丈夫」

と過信してしまうことがあります。

しかし、心変わりの多い人との恋愛に、誠実さを求めるのは無謀というもの。自分に自信やプライドがある分、手痛い別れとなることも多いのです。

11. 運命

そう思ったほうがいろいろ楽

❖前提にあるもの①❖

責任の回避

❖頻出するシチュエーション①❖

自分のせいにしないほうが都合が良いとき

「運命」という言葉は、恋愛の場面で多々登場しますが、恋の始まりも、恋愛についても、自分の力が及ばない何かのせいにすることで、責任を回避しようとする人が使いがちです。

ドラマチックなことが好きだけれど、重い責任は負いたくないので、

「運命的だ」

と言います。

自分で全ての責任を背負いたいときや、すごく努力した結果については、人は「運命」という言葉は使わないものです。

「努力の結果だ」

「然《しか》るべくしてこうなった」

と言います。

「ちょっと違った」

「運命だ」と言う人は、すごく努力して二人の関係を築いていこうという気持ちよりも、自然に任せて素敵な関係が続けばいいなと思う傾向があるので、相手の存在が面倒に思えてくると、

「運命だ」と思うのも早ければ、「運命じゃない」と思うのも早いのです。

ですから、恋の始めに相手から「運命」という言葉が飛び出したら、責任を追及するような関わり方はしないほうが賢明です。星々や自然が祝福してくれているような、楽だけどドラマチックな恋愛が良いのです。

前提にあるもの②

あきらめたい・見切りをつけたい

頻出するシチュエーション②

手の打ちようがなくなったとき、何かのせいにして区切りをつけたいとき

「運命」という言葉は、恋の終わりにもよく登場します。

なんとなく気持ちが盛り上がらなくなって、もどかしさを感じたり、すれ違いが続いたり。どう言っても結婚が見えてこなかったり……。

連絡も減って、重い空気が流れるようになると、区切りをつけるために使われます。

「こうなる運命だったのかな」

「運命の人じゃなかったのかも……」

そうなると、そのまま付き合い続けても、惰性になるだけ。
「運命」って〝さだめ〟と読むこともありますが、その言葉が持ち出されるとき、決定事項ではないことが多いのです。

ローマ神話の運命の女神、フォルトゥーナは、運命が定まらないことを意味する不安定な球体に乗り、幸運の逃げやすさを意味する羽のある靴を履いています。

フォルトゥーナ像（ウィーン、ホーフブルク宮殿）

❖言葉の心理学２❖

オックスブリッジ・アクセント――言葉の習得――

親が日本人でも、米国で生まれ育つと、最初に話す言葉が英語になる人がいます。私たち人間は、先天的に何らかの言語をもった状態で生まれてくるのではなく、「言語を習得できる能力」を持って生まれます。

まずは、生まれてすぐに不快感を示す本能的な発声が始まり、次にボーカルプレイと呼ばれる「あーあー」「うーうー」など、赤ちゃんの発声練習のような段階へ進みます。その後、「まーまー、まーまー」といった反復喃語《なんご》が確認できるようになっていきます。

そのような過程において、私たちは、ただ自然に言葉を話すようになるのではなく、周りの人の言葉にふれながら習得していきます。

その基本的な能力は幼少期に目覚ましく発揮されるため、幼少期に言語によるコミュニケーションから隔離されて育てられると、その後、言葉を習得できなくなってしまうという報告もあります。

そして、日々使う言語は、その人の世界観や思考様式の形成に強く影響すると考えられています。古くは「サピア・ウォーフの仮説（言語相対性仮説）」として知られています。

一九三〇年代に盛んに議論されました。必ずしも全てではないですが、人々が身につける言語は、その人の世界観の形成に寄与します。

言葉は、親によって刷り込まれ、周りの人々によって刷り込まれ、教育によって刷り込まれていくもの。

親の言葉・周りの言葉・教育の言葉によって、その人の思考や行動が決定づけられていくのです。

また、言葉は、所属する社会的グループを象徴するものでもあります。イギリスでは地域だけでなく、階級によって言葉の発音が異なることが知られています。

例えば、サッカー選手やミュージシャンによくみられるのは、ロンドンの下町なまりである、コックニー・アクセント。

オックスブリッジ・アクセントと呼ばれる発音は、主に上流階級の人がオックスフォード大学やケンブリッジ大学で学び習得します。

雑貨商の娘だったサッチャー元首相は、オックスフォード大学に進学しましたが、アクセントにコンプレックスがあったため、個人レッスンを受けて、オックスブリッジ・アクセントを習得したと伝えられています。

オードリー・ヘプバーンの映画『マイ・フェア・レディ』では、コックニー・アクセントを話す花売り娘イライザが、音声学者であるヒギンズ教授のレッスンにより、上流社会の発音を身に付けて社交界で十分通用するレディに変身していく様子が描かれています。

使う言葉のアクセントによって、社会的地位や暮らしぶりが露見《ろけん》してしまうのと同様に、アクセントを練習すれば、偽装することも可能、ということになりますね。

その人の言葉からは、育った環境によって刷り込まれた思考や行動がにじみ出るもの、そして、使う言葉を変えることは、ひとつの変身術でもあるのです。

では次に、人間関係にまつわる言葉をみていきましょう。

第三章 ❖ 人間関係の言葉

12. 人間関係

関わりのある人が
思うように動いてくれなくて……

❖前提にあるもの❖

依存・心のひっかかり・強く出られない弱み

❖頻出するシチュエーション❖

関わりのある人たちの中で、ちょっとした不都合が生じたとき・意見の合わない人がいるとき

「人間関係」という言葉は、まず問題なくうまくいっているときには、あまり口にされることはありません。また、この先ほとんど関わる必要のない相手との関係においても、ほぼ使われない言葉です。

これからも関わっていく必要があり、その人に対して依存している部分や将来依存する可能性があればこそ、

「人間関係がうまくいかない」

といった表現で使われます。

同じ会社で共に生きていく必要があるのに、いつも意見が食い違い、なかなか「うん」と言ってもらえない状況が続くと、

「人間関係って難しい」

と言います。

家庭内でも、脱いだ服を置く場所や、食べ方、言い方、頼み方など、些細《ささい》なところで合わないと、

「人間関係って疲れる」

と言います。

また一見、良好にみえる人間関係の中には、どちらかがすっかり迎合しているということもあるものです。

私たちは、長い人生という旅路を、自分ひとりで終えることはできないという事

実があります。最期には、誰かに後始末をしてもらう必要があり、それは身近な人頼みであることが多いものです。そしてそのことはある面、人生を通してずっと続く弱みでもあります。

だから強く言えない部分もあり、いつか何かをやってもらわなければならない依存の中で、「もうちょっとこうしてほしいのに、してもらえない」という思いがあるときに、「人間関係」という言葉が聞かれます。

ですから、それは〝相手の問題〟というよりも、実は〝自分自身の問題〟であることも多いのです。

「相手がこうする」と「相手にこうしてほしい」は、長い人生を通して、うまく折り合っていく必要のある課題なのです。

13. トラブル

やり過ごすわけにはいかない

前提にあるもの

ゆずれない主義主張・気にする性格・軽率さ

頻出するシチュエーション

気になって見過ごすことができなかったとき・何かがスポイルされたとき

人と人との関わりの中で、「トラブル」という言葉が出るときは、一方、または双方に、見過ごすことのできなかった何かがあります。

もともと気にしやすい性格の人もいれば、ゆずれない部分があって、まさにそこをスポイルされたという場合もあります。

大事に発展してから口にされる言葉ですが、そもそもの原因を辿《たど》っていくと、些《さ》細《さい》で軽率な行動や言動に行き着くことが多いものです。

・一言多かった
・よけいなところにちょっかいをだした
・よく知らないで口をはさんだ

そこですぐに止めておけばよかったものを、口を出し続けて
「あのときはこう言った」

「この前はこう言った」

「こうするって、言ったのに」

など、パッと浮かんだ言葉をぶつけ合い、主義主張がみるみるエスカレートして
ゆき、相手の全人格を否定するようなところまで至ってしまうこともあります。

「そんな人だとは思わなかった」

「二度と顔も見たくない」

もとを辿れば最初の一言さえやり過ごすことができれば、よけいな時間を費やさ
ずに済んだ話だったりもします。

そもそも、人と人とは違ってあたりまえ。

行き着くところまで行ってしまい、両者ヘトヘトになってしまったときには、いい言葉があります。

「これまでのことは一度水に流しませんか」

14. 嫉妬《ジェラシー》

人の不幸が蜜になる

✧前提にあるもの✧

負けたくないコンプレックス

✧頻出するシチュエーション✧

抱いていた優越感が消えゆくとき

嫉妬は、多くの人が抱きながら、表に出さない言葉のひとつです。とても強い感情なのに、

「嫉妬しちゃった」

と言うことはあまりありません。嫉妬という感情の奥には、何かで負けたという事実があることが多いのです。

嫉妬の大元にあるのは、負けたくないという類《たぐい》のコンプレックス。

・負けたくない相手なのに負けたような気がしたとき

・下にいると思っていた人に、追い抜かれそうになったとき
・思うような結果が出ず焦っているのに、他の人の朗報が入ってきたとき

ふつふつと、面白くない感情が湧いてきます。

嫉妬している間は、本人も苦しかったり、生産性も低下したり、様々なトラブルに発展してしまうこともありますが、必ずしも、悪いことばかりではありません。嫉妬の対象をライバルとしてはっきり見据えれば、成長の強い原動力にもなります。向上心のもとには、それこそもってこいなのです。

同時に、何をしでかすかわからない言葉のナンバー1でもあります。嫉妬を感じたとたんに、その人の不幸を期待してしまうものだからです。

人の不幸は蜜の味。嫉妬の対象になるのは御免被《ごめんこうむ》りたいですが、目立たないように地味にさえしていれば、避けられるかというと、そうでもありません。

仕事の成績や昇進、名誉など、明らかな成果や結果でなくても、驚くほど些細《ささい》なことがきっかけで、とたんに嫉妬心が込み上げてくることもあり得るのです。

例えば、ちょっと素敵だなと思っていた男性が、自分より何かの面で劣っているだろうと高《たか》を括《くく》っていた女性に笑いかけるのを見たときなどにも、

「なんで？」

と、面白くない気持ちになってしまうことがあるのです。負けるとは思っていない相手に負けたような気がして、癪《しゃく》に障《さわ》り意地悪してしまう人もいます。

くわばらくわばら……。

嫉妬には優越感がつきものですから、相手が不幸な間は応援し、快く助けていたとしても、その人が独り立ちして幸せになりだすと優越感が消え、途端に嫉妬心が顔を出し、

「誰のおかげだと思っているんだ。なんて奴《やつ》だ。こんなにしてやったのに」

と――応援の気持ちも何処《どこ》へやら、強く不幸を望んでしまうことがあります。それほど人の幸福って、妬《ねた》ましいものでもあるのです。

嫉妬はいつでも誰にでも起こる可能性のあるもの。無いように振る舞っている人のほうが強かったりします。

人生で何度も起こる感情ですから、うまくつきあっていくしかありません。

15. 依怙贔屓《えこひいき》

下心

❖前提にあるもの❖

強い支配欲

❖頻出するシチュエーション❖

不公平が堂々とまかり通る場

そもそも世の中は不公平なものですが、特に不公平が堂々とまかり通るような場で、自分の力が轟《とどろ》き渡るような状況を好む人に、依怙贔屓《えこひいき》がよく見られます。

依怙贔屓するタイプには自己顕示欲旺盛な人が多いので、周りに人がいたほうが、声が大きくなったりします。

感謝されたいという気持ちもありますが、自分の思いどおりに人を動かしたいという欲求が強く、人が思いどおりに動いているうちは目をかけます。

強い支配欲がベースにありますが、実は、人から利用されるという危険もはらんでいます。

依怙贔屓する人というのは、媚《こび》を売ってのし上がりたい人からは強く必要とされる反面、もう必要ないと思われたとたん、そのような人たちからもかえって強く疎《うと》まれるものだからです。

擦《す》り寄ってくる人ほど、自分がうまくいきだすと、依怙贔屓してくれた人を疎ましく感じ、遠ざけようとすることも多いのです。

そのような関係は、恩義ではなく、癒着。

職場などでは、依怙贔屓される人とされない人、それぞれの立場があります。されない人は、妬《ねた》み、気持ちが腐っていきます。

「認めてもらえない」
「人間関係がうまくいかない」
といった理由で、職場を去っていくことにもなります。

されるほうでは、依怙贔屓を迷惑に思う人もいますが、なかには虎《とら》の威《い》を借《か》るキツネになっていく人もいます。自分を実力以上に見せていくようになり、努力よりも媚《こ》びるほうがうまくなります。

そのまま年を重ねてしまうと、他ではとても通用しなくなってしまうことがありますから要注意ですね。

人生って、〝今さえよければ〟では済まないものですから。

16. 知ったかぶり

小さく見られることが何より嫌

❖前提にあるもの❖
自己顕示欲・虚構性

❖頻出するシチュエーション❖
表面的な人間関係で、よく見られたい

「知ったかぶり」をする人は、小さく見られることが何より嫌で、内容が伴っていないことを気にせず、〝その場で良く思われればいい〟と考えています。

何らかのコンプレックスがあり、劣っているという理由で、グループ内で孤立したくなくて、必死についていくために知ったかぶりをする人もいます。

それが原動力になることもありますが、実力が伴う前にボロが出ると、かえってとことん立場が弱くなってしまいます。

先頭きっているような人が、自分をより大きく見せるために知ったかぶりをすることあります。バレると「な〜んだ」と、蜘蛛《くも》の子を散らすように人が去っていきます。

「知ったかぶり」は化けの皮。

見下されたくない、実力以上に見せたいと思うと、ついしてしまうものですが、「相手の化けの皮を剥《は》ぎたい」と思っている人も多く、露見《ろけん》すると、自分のことは棚に上げて糾弾《きゅうだん》します。

誰かのちょっとした知ったかぶりに気づいたときには、できれば恥をかかせないように、何か機転を利かせてみてもいいんじゃないでしょうかね。

なにはともあれ、身の丈《たけ》どおりに見られたほうが気楽というものです。

17. ここだけの話

秘密が守れない

◆前提にあるもの◆
狡猾《こうかつ》・おしゃべり

◆頻出するシチュエーション◆
自分をよく見せたいとき

「実を言うとね」
「ここだけの話……」

このような表現は、自分を良く見せたいときに使われます。
自分を重要な参考人だと敬ってほしいときに出る言葉で、相手との関係の強化が主な目的です。誰かよりも、自分を良く思ってほしくて、親密になろうとして発せられる声掛けです。

うまく立ち回りたいと思っているコミュニティの中で、現状軽く扱われているときや、根回ししたいときなどに、特別な関係であるという実感を強めるためによく使われます。ようは「ここだけの話」をするその人も、ちょっと気弱になっているのです。

「ここだけの話」をされたら、やんわりと、その話には乗らないようにするのが賢明です。

くれぐれも、うっかりと自分の秘密を話したりもしないように！
「ここだけの話」をする人は、基本的に口が軽いです。

ご用心、ご用心。

18. 悪口

優位に立ちたい

◆前提にあるもの◆

強い劣等感

◆頻出するシチュエーション◆

人を貶《おとし》めて優位に立ちたい

「悪口」は、自分が優位に立ちたいのに、劣勢感を抱いたときなどに、人を貶《おとし》めたくて言われることが多いです。

努力するよりも、手っ取り早く、優勢に立ちたいのです。

自分のほうをよく思ってほしくて、仲間集めにも使われます。

「あの人って、本当はこういう人なのよ」

「あの人、前にこういうことがあったんだって」

「あの人、こんなふうに言ってたのよ」

悪口が耳に入ったときに、自分自身があまりうまくいってなかったり、悪口の対象になっている人を良く思っていないときは、その悪口の言葉ひとつひとつに胸が躍ってしまうから大変です。

我が意を得たりとつい賛同してしまうものですし、真偽を確かめることなく、人にも吹聴《ふいちょう》してしまうことがあります。

共通の敵をもつことで、仲間意識を即座に高めることができますが、今度はあなたがターゲットになる危険性も十分にあります。

聞いているだけのつもりでも、自分では気づかないうちに、人から見れば悪口ととられるようなことを言ってしまう可能性もありますから、相手が悪口を話しだしそうになったら、さらりと切り上げて、聞かなかったことにしておきましょう。

私は私。人は人。

19. 褒める

気分よく誘導したい

❖前提にあるもの❖

誘導したい・いい人に思われたい・いいことだという強迫観念

❖頻出するシチュエーション❖

言ったように動いてくれないと困る関係・顔色をうかがうとき

「褒める」言葉は、相手に嫌われることなく、できるだけ気分良く、いい感じに言うことを聞いてほしいとき――特に上司が部下へ、親が子へ話しかける言葉のなかに、よく見られます。

「いつも明るくていいね」
↓いつも明るく対応してほしいと思っている。

「いつも早くて正確だね」
↓これからも、迅速、正確を心がけてほしいし、できればもっとアップしてほしいと思っている。


「宿題やって偉いね」

↓いちいち言わなくても、機嫌よく宿題に取り組んでほしいと思っている。


同等な立場同士であっても、褒め合うと、優越感をくすぐり合えるので、気分が盛り上がり、職場の雰囲気が明るくポジティブなものになっていきます。

その場がしらけずに済みますし、物事を円滑に進めるための潤滑油として大活躍します。


しかし、「褒める」って、実は難しいことでもあります。

毀誉褒貶《きよほうへん》一切気にせず、自分の目標を見定めて邁進《まいしん》している人にとっては、褒め言葉に耳を貸す時間を「無駄だ」と感じる人もいます。

そのような人を気軽に褒めてしまうと、失礼にあたることや、かえって不快に思われてしまうこともあります。

また、人によって、かけてほしい言葉は様々ですから、親しい間柄同士でも、思い込み違いがあると、褒めるつもりで言ったことが、実は相手のコンプレックスを刺激してしまう、ということもあります。

褒めるのはいいことだという強迫観念が少なからずあり、真から思っていないにもかかわらず、「とにかく褒める」「褒める振りをする」という場面も多々目にします。

子育てでも、「褒めて育てる」というフレーズはよく聞きますが、「褒める」ことと、「躾《しつけ》・教育」とのバランスは、難しいテーマでもあります。

過剰に褒められて育った子は、将来、依頼心が強くなったり、何が本当に良いことなのかの判断力が鈍ったり、自己判断が苦手な大人になってしまったり……。

褒められたくて何かをするような癖がつくと、行動にムラが出ますし、賞賛が得られないというだけで、自己評価が下がってしまうこともあります。

大人になってからも過剰に褒められると、「この程度でいい」と自分に甘くなってしまうこともあれば、一度人前で褒められたことがプレッシャーになってしまうこともあります。

効果は大きいものの、使い方によっては失敗も多い「褒める」言葉。気をつけて使っていきたいものですね。

20. 感謝

社会生活の必需言葉

❖前提にあるもの❖

利益・見返り・恩恵・強迫観念・弱気

❖頻出するシチュエーション❖

利害関係が続くとき・自分に利益があったとき・寂しさを感じたとき・慣習・マナー

「感謝」の言葉というのは、ごくシンプルに、自分にとって何らかの利益をもたらしてくれた相手に、それによって、救われた・助かった・嬉しかった、といった様々な思いを込めて伝えられることが多いです。

「ありがとう（有《あ》り難《がた》し）」

太陽や雨など、自然からの恩恵についても「感謝」という言葉は使われます。

また一方では、習慣になっている言葉でもあり、儀礼として「ありがとう」さえ言っておけば、いい人だと思われ、ある程度は面倒な人間関係や様々なトラブルをすり抜けていけるので、これを乱用する人もいます。

自分に良いことを引き寄せるために使う人もいます。

「幸せを引き寄せるために、ありがとうを◯回言いましょう」

言わなかったときに、非難の対象になることもあります。

「ありがとうも言わない奴《やつ》だ」

言っておくと褒められることもあります。

「ありがとうって、ちゃんと言えて偉いね」

「感謝」は、お行儀よく見られるための、世渡りに必要な言葉でもあるのでしょう。

強迫観念に後押しされる言葉でもあります。

「あ、まだお礼言ってない！」
「あ、お礼の手紙をださなければ！」
「しまった！　この前のお礼を言うのを忘れた！」

それだけ、社会生活を営むうえで、重要な言葉なのでしょう。

良いときばかりではなく、気弱になったときや、寂しさを感じたときに口にすると、ふと心が楽になる言葉でもあります。

「いろいろあったけれど、三年間、ありがとう」

他意なく素朴に伝えたときに、両者ふと温かな気持ちになるのです。
心が救われるというのも、「感謝」の言葉から得られるひとつの恩恵なのでしょう。

21. 傷ついた

自分を傷つけるものを遠ざけたい

❖前提にあるもの❖

図星に弱い・自己逃避

❖頻出するシチュエーション❖

言われたくないことを言われたとき

「傷ついた」という言葉は、自分が言われたくないことを言われたとき、そして言い返せなかったときによく使われます。

自分の落ち度について、図星を指されることに敏感で、自分を傷つけるものは遠ざけようとします。図星を指された内容について直視せず、傷つける言葉を発した人に対する嫌悪感を優先し、言い方について責める傾向があります。

「そんな言い方しなくてもいいのに」
「そんな言い方されたら、傷つくのに」

表だって指摘されたときに、パッと言い返せなくて、いじいじと思い出し続ける場合もあります。


「こう言い返せばよかった」

「ああ言い返せばよかった」

と恨み続け、いつも最後には、

「傷ついた。あの人ひどい」

というところに行き着きます。


自己プロテクトの意識が強く、傷つきたくないがために、反省が苦手なのです。

人が自分について発する言葉に極度に敏感なので、楽しく雑談していたつもりが、急に不機嫌になることもあります。

「傷ついた」出来事について相談にのったときなどは、相手を励ますつもりで、

「気にしなくても大丈夫だよ」

と気軽に言ってしまうものですが、

「この人もわかってくれない」

「この人には話しても無駄だった」

嫌われてしまうこともあります。


傷つきやすい人間ほど、複雑な鎖帷子《くさりかたびら》を織るものだ。

そして往々この鎖帷子が自分の肌を傷つけてしまう。


――『小説家の休暇』三島由紀夫――

繊細なガラス細工のような心ですから、人前では叱らないこと、話が盛り上がっても、調子にのって欠点を指摘しないことが大切です。

22. 愛

究極のエゴイズム

前提にあるもの

エゴイズム・賞賛欲求

頻出するシチュエーション

よく思われたいとき・独りよがりで

「愛」という言葉は、美辞横溢《びじおういつ》あらゆるところで目にするけれど、突きつめていくと、これほどわけのわからなくなってくる言葉も珍しいと思います。

よく使われるけれど実体がなく、意味不明なことも多いのです。

人が「愛」という言葉を使うとき、多くは、「Ｍｙ」が付きます。

私の子
私の恋人
私の妻・夫

「私の誰か」への愛を意味することが多いのですが、それを守るためなら何でもするという、恐い一面を含んでいます。

カズオ・イシグロの小説『わたしを離さないで』に描かれた施設ヘールシャムで、臓器提供のために育てられている子供たち。
食べるためだけに育てられる動物。
食べるためだけに卵を産ませる鳥。
愛国心という言葉のもとに行われる戦争。

私たちが「愛」という言葉を使うとき、実は他の犠牲の上に成り立っていることも多く、「愛」というのはつまり、「Ｍｙ」の付くものを守るという大義を掲げての究極のエゴイズムでもあるのです。

私たち人間は、「人類愛」という言葉を口にしながら、向かってこられたら殺し、それが何かに向けての「愛」の行為であるとするならば、容易に納得できるのです。

「愛」という言葉は、自分勝手な人がいいように使うこともあります。

「愛を感じた」

「愛が足りない」

わけもなく怒りだすような人も使います。

「こんなに愛しているのに」

「愛」という言葉が、身勝手な者同士でやり取りされるときには、思い違いやトラブルも増えていきます。

また、「愛」という言葉を使うだけで、まるで自分が良いことをしているような気分になることもあるものです。

「隣人愛」

「郷土愛」
「友愛」
「宇宙を愛する」
「自然を愛する」

実際に自然と直面して仕事をしている人は、「自然からの恩恵」と言うことはあっても、「自然を愛する」という言い方はあまりしないようです。表面的なことだけではなく、そこにある厳しさに人生を懸けて対峙《たいじ》するという経験は、人を謙虚にするのかもしれません。

そして「愛」は、人からよく思われたいという気持ちが強い人ほど、いろいろな場面で持ち出す言葉でもあり、人助けに「愛」が持ち出す人の中には、賞賛欲求の高いタイプが多いものです。

誰にでも「愛」を連発する人もいますが、「愛」という言葉を安売りする人は、それだけ広くたくさんの人から、自分がよく思われたいという気持ちを抱いている可能性があり、そこで口にされる「愛」は、博愛ならぬ薄愛で、give よりも take の念が強いものです。

「愛」という言葉は、気軽に使われることも多いけれど、究極のエゴイズムでもあり、何らかの犠牲の上に成り立つことも多く、間違えに続くこともある、恐い面を含んだ言葉でもあります。

私もまだまだ勉強中。

言葉の心理学 3

プラグマティックス――言葉の意味――

人が言葉で話していることをそのまま文字どおりに受け取るのではなく、背景にある社会・文化・関係性なども考え、その意味を探る研究を「プラグマティックス」と言います。

例えば混雑した映画館などでは、椅子に座っている人に対し、通りかかった人が隣の空席に目をとめ、

「空いていますか？」

と聞くことがあります。すると、座っているほうの人は、

「どうぞ」

と答えるのです。

「空いていますか?」と聞かれて「はい、空いています」または「いいえ、空いていません」と答えることももちろんできますが、「この人はきっとここに座りたいのだな」と相手の意図を察し、「どうぞ」と短く答えることができるのです。

このように、私たちは、相手の発話の意味を受け取り合って会話をしています。


「あれ?」

と言った夫に
「やっておいたわよ」

と妻が答えたり。

「あれどうする?」

と聞いた恋人に

「もちろん行くよ」

ともう一方が答えたり。

親子や長年連れ添った夫婦、恋人などは、双方了解の前提事項が増え、実に見事なまでに受け取り合うことができるものです。

物事が円滑に進む素晴らしい機能だと思いますが、育った環境や母国語が異なったり、性別や世代の違い、あるいは直前にインプットされた情報など、様々な要因によって、誤解が生じ、トラブルの原因になることもあります。

言語学者であり哲学者でもあるグライスは、会話を成り立たせるためには協調性が必要とし、円滑なコミュニケーションを行うためのポイントとして、四つの公理を示しました。「グライスの公理」と呼ばれています。

一、量（Quantity）

——相手がどの程度の情報量を求めているかを察すること。

会社の同僚と出勤時にエレベーターで一緒になったとします。そのときに

「最近、どう？」

と聞かれたら、

「忙しいけど、まあなんとか。そっちは？」

この程度の情報量を期待しているのではないでしょうか。

エレベーターを降りてからも、長々と近況を説明するようなことは、求めていないでしょう。

二、質（Quality）

——求められている根拠や正確さを察すること。

会議の席で、上司から

「じゃあまず、案件Aの状況から聞こうか」

と言われたとして、

「だいたい、いい感じです」

と答えたら、相手の期待を裏切ってしまいます。

数値などの根拠も含めて、相手が知りたいであろう正確さを察知して答えることが大切です。

三、関連性（Relevance）
――発せられた言葉と関連性のある言葉を返すこと。

少し年上の先輩社員から、

「B社の仕事、予定どおり終わりそう？」

と進捗《しんちょく》状況を聞かれたとします。それに対して、

「B社のオフィス、すごくきれいですよね。社食なんて、まるでカフェですよ！」

などと答えてしまうと、会話の関連性は低いということになってしまいます。

四、様式（Manner）

——明確に順序立てて簡潔に話すこと。

友達から

「明日、空いてる？」

と聞かれたとします。

「夕方からならどうかな～。仕事が終わらないかもしれないけど。明日はやっぱり休日出勤かな。今、やってるんだけど」

こんなふうに言われても、わかりにくいものです。

「今やってる仕事が終わらなければ、明日も休日出勤するから、夕方からでいい？」

このように、順序立てて簡潔に話せば、相手にとって受け取りやすい会話様式となります。

察し合うからこそ、人間ならではの高度なコミュニケーションが可能になる会話。

この四つの公理を心にとめておけば、よりスマートな会話が展開できそうですね。
さて次は、人の在り方に関する言葉をみていきましょう。

第四章 ❖ 在り方

23. 続かなかった

やめた理由の正当化

❖前提にあるもの❖

不誠実・なまけ心

❖頻出するシチュエーション❖

中途半端が許される場

何かを途中で止めるときに、

「続かなかったから」

と言う人がいます。


「続かなかった」という言葉は、中途半端が許される場では止める理由になりますが、全うすることが前提の場では、通用しないものです。続けてやったところに結果や答えがあることも多いので、「ものにならない人」「評価を得られない人」と判断されてしまうこともあります。

仕事にしても、人間関係にしても
「続かなかった」

という言い方をする人は、仕事や他者に対する集中力が低く、やると決めたことや関わると決めた人に対して、やや不誠実な面があります。

そして、続かなかったという理由を正当化するために何かのせいにします。

「担当の先生を、好きになれなかった」

「仕事が忙しくて」

また、自分のせいにすることもあります。

「自分が悪いんだけど」

そのような場合も、進んで自ら非を認め、自分の潔さをアピールすることで、続かなかった自分を正当化しています。

いずれにしても、自己正当化欲求が高く、飽きやすく、続かない割には、すぐに別のものに飛びつく人も多いです。


自分の怠け心に対して甘いところがあるので、

「続かなかった」

と言われたら、こうしたら？　ああしたら？　とあれこれ助言するよりも
「続いた試し、ないじゃない！」

くらい言ってみても大丈夫です。

24. やる気がでない

開き直り

❖前提にあるもの❖

自堕落・なまけ心・言い訳

❖頻出するシチュエーション❖

なあなあの関係

「やる気がでない」という言葉は、開き直りたいときに、同じく開き直りたい人との会話でよく登場します。

〝なんか〟とセットで使われることが多いです。

「なんかやる気がでないな」
「ほんと、なんかやる気がでないよね」

テストの前など、勉強するのが嫌になってしまったときなどは、一緒にいる人の開き直りを大歓迎してしまうものです。

「やる気でないな〜」
「ほんと、やる気出ないよね。今さらやってもしょうがないよ。もういいか。何とかなるよ！」
「もう、やめやめ！」

開き直り合っても大丈夫な、なあなあで済むような場で頻出します。

休みの日に出かけたほうが良い用事があるのに、家でゴロゴロしたいときには、その状況を正当化するのにもってこいの言葉でもあります。

「今日は、なんだかやる気が出ないな〜。ゆっくりするか〜」

自分が開き直るだけでなく、誰かを引きずり込むときにも使われます。

「最近もう、恋愛とかやる気なくなっちゃったよね」

「なんか仕事とかももう、やる気でないよね」


耳にするとなんだか安心してしまう言葉でもありますが、うっかりそれでいいと思ってしまったら、開き直りウィルスを招き入れてしまいます。


「やる気出ないな〜」

と言われたら、

「まぁ、そんなときもあるよ」

と、〝相手の問題〟ということにしておきましょう。


長い人生では、そんなときもあっていいだろうし、その人は、今はそれで良いのだろうし、実のところあなたにとっては、〝差をつけるチャンス〟なのです。

25. 決められない

自分の人生の責任がとれない

✧前提にあるもの✧

節操のなさ・優柔不断

✧頻出するシチュエーション✧

どっちもどっちのことに囲まれている

「決められない」と言うとき、一番の大元となっているのは、目移りです。あちらもいいし、こちらもよさそう、と迷ってしまう節操のない状態にあります。

同じくらい良い選択肢に囲まれていることが多く、どれを選んでも、途中で嫌になってしまいそうな気がするし、どれを外しても、後ろ髪を引かれそうな思いがよぎるのです。

決め手に欠けるので「よし」と選んだあとでも、「やっぱりあちらにしておけばよかったかも」と、後悔します。ですから、

「決められない」

と、相談を受けたときに、

「Aにしたら？」

とどちらかを明確に勧めるのはちょっと危険です。


どちちにしてもちょっとは後悔するので、後々、

「あなたがあのとき言ったから」

と責任を負わされてしまうことがあります。


「○○さんが言うから、そうしてみたんだけど……」

と他の人にまで、あなたが悪いように話されてしまうこともあります。


次々に占いに頼る人もいます。

「決められない」と言う人は、基本的に、自分の人生に自分で責任をもつことに不向きなのです。

皆の意見を聞いてから自分の意見を決めたいところもあるので、

「決められない」

と言われたら、

「私だったら、Aにするけど」

と、「私なら」の意見を示すことは有効です。


あなたの意見を聞くことで、判断がしやすくなりますし、後々あなたのせいにされることもありません。

26. だってしかたがない

責任回避に対する甘え

✣前提にあるもの✣

うまくいかなかったことの責任回避・甘え

✣頻出するシチュエーション✣

軽率な行動・しなかっただけの話

うまくいかなかったこと、やらなかったことに対して、
「だってしかたがない」
と言うことがあります。

軽率な行動をとっておきながら、自分だったら多少大目に見てもらえるだろうと考えている人がよく使います。

思慮深く、責任感のある人の口からは、出てこない言葉です。

そもそも責任感がないため、自分のしでかしたことに対する甘えがあります。周りが迷惑していても、それはそれでいいということにして、さっさと次のステップに進みたいと思っています。

大事な仕事はとても任せられませんが、そもそもよくよくは考えないところがあるので、パッと

「ちょっとこれ持ってて!」

と、その場で済むような頼み事であれば、すっと快くやってくれたりします。気のいいところがあるのです。

「だってしかたがない」

と一度でも言われたら、進捗状況をこまめに見ていく必要があります。根気ある監督者さえいれば、機嫌よく、前に進んでいける人も多いからです。

27. 私なんて

かまってほしい

前提にあるもの

依存心・甘え・自己卑下

頻出するシチュエーション

謙遜という形で気を引くため

「私なんて」という言葉は、もっと励ましてほしいときや、もっとかまってほしいときなどに、周りの気を引くために使われることが多いです。

「私なんて辞めても」

と言うとき、

「そんなことないよ、大切な仲間だよ。みんな頼りにしているよ」

など、自分の存在を気にかけてほしくて、また、再認識してほしくて使うことがあります。

相手の好意を確認したくて使われることもあります。

「私のことなんて、嫌いになったでしょ」

「どうして？　大好きだよ。何か気を悪くすることしちゃった？」

いずれにしても、謙遜というかたちで相手の気を引きたい場面で登場します。

断るにしても、相手の気持ちは引きつけたままにしておきたいときなどにも使われます。

「私なんて、その役目には相応しくないですから、心苦しいので遠慮させてください」

また、「私なんて」という言葉は、本当に自信がもてなくて、辛い気持ちをわかってほしくて使われることもあります。

「自分なんて、いないほうがいい」

「私なんていっそのこと、消えてしまいたい」

謙遜というかたちで、気を引きたくなるのは、心が寂しいから。あまりにも頻繁に使うと煩《わずら》わしく思われるので、かえって孤立を招いてしまうことも……。

言われる側が、忙しくて気持ちの余裕がもてないと、なかなか難しいことではありますが「私なんて」と言われたら、依存や甘えがエスカレートしない程度に、心の穴をうめる言葉をかけたいものです。

人は一人では生きられないし、言葉ひとつで、生きる力が湧いてくることもあるものですから。

28. がんばる

結果は大目にみてほしい

前提にあるもの

努力への賞賛欲求・確信不足

頻出するシチュエーション

結果が伴わない可能性があるとき

「がんばる」という言葉は、自分を奮い立たせるためや、周りに意欲を示すために、使われることが多いです。

「よし、がんばるぞ！」

「今度こそがんばります！」

実際に、ちょっと自信がなくても、結果が伴わない可能性を感じていても、「がんばる」と言葉にすると、いつもより少し多くがんばれたりするものです。

士気を高めるにもとても効果的です。

「最後まで気を抜かずにがんばろう！」

「がんばってね！　私もがんばるから！」
「お互いにがんばろうね」

しかしながら、「がんばる」と口にしただけで、もうがんばったような気になってしまう人もいます。

また、そんな気もないのに、とりあえずそう言っておけばいいと思って使われてしまう言葉でもあります。

「がんばります！」
と可愛らしく言って安請け合いをし、責任をもたない人もいるのです。

期待を持たせるふりをして、見せかけで言う人は、「がんばって結果を出そう」という気持ちよりも、「取り入りたい」「気を引きたい」という気持ちの方が強いです。

結果だけにフォーカスしないでほしいときには、あらかじめ予防線をはる意味で〝とにかく〟をつけます。

「とにかくがんばります」

未熟な大人が仕事上で使う場合は、結果よりも姿勢や意気込みをアピールし続けてしまうことがあるので、「どうがんばっているのか」「仕事の進め方に無駄がないか」など、意欲を失わないように気を配りながら、指導する必要があります。

がんばる姿勢は大事、でも、がんばるアピールをしないでくれたほうが、生産性が上がる場面もありますからね。

29.

自尊心《プライド》

言われたくない、崩されたくない心の奥底

❖前提にあるもの❖

良く見せようとする心・思い込み

❖頻出するシチュエーション❖

思ったように評価されなかったとき・できなかったことを指摘されたとき

「このような姿として良く思われたい」と、自分の中に強く思い込んでいる部分があって、それが、「崩されたくない」「言われたくない」心の奥底を成しています。

これさえ保てていれば、懸命な努力を維持できる人も多く、プラスの効果も大きいのですが、思うように満たされないともろく崩れ、そのフラストレーションがマイナスに働くことがあります。

自分を良く見せたいとする気持ちが強いため、思うように評価されなかったときには、

「自尊心が満たされない」

と感じ、他者に対し壁を築いていきます。

「どうせわかるわけがない」


できなかったことをストレートに指摘されたときには、

「プライドが傷ついた」

と感じ、他者を蔑《さげす》むことで、溜飲《りゅういん》を下げます。

「たいした人間でもないのに偉そうに」


また、自尊心が強い人は、特別扱いされなかったときに不満を覚え、特別扱いされると満足するという傾向もありますから、それを逆手にとって、騙そうとする悪質な人も絶えません。


「あなたじゃなくちゃ」

「あなただけには」

自尊心をくすぐるような言葉を並び立て、「実力以上に評価されたい」「良く見せたい」という気持ちの裏側をついてきます。プライドの高い人ほど、それに、ころっと騙されてしまうことがあるのです。

ちやほやされて満足するような自尊心《プライド》は、安っぽいと心得るなり。

孤立や騙しからあなたの身を守るために、しかとお伝えしましたよ。

言葉の心理学 4

ポライトネス——言葉の心地よさ——

ちょっとした立ち話であっても、その場その場にふさわしい、感じの良い話し方をする人っていますよね。

言語学者のブラウンとレヴィンソンは、単なる丁寧さや礼儀正さではなく、実際に会話が行われる場面での心地よさを重視し、「ポライトネス」という概念を示し、ポライトネス普遍理論を提唱しました。

私たちが人と関わる際には、基本的な欲求がもとになったコミュニケーションスタイルの側面である二つの「フェイス（face）」がみられると考えます。ひとつが積極的な側面であるポジティブフェイス、もうひとつが消極的な側面、ネガティブフェイスです。

一、ポジティブフェイス

人から好かれたい、認められたいという欲求からのフェイス

二、ネガティブフェイス

邪魔されたくない、立ち入られたくない、距離を置きたいという欲求からのフェイス

ポジティブフェイス、ネガティブフェイス、いずれも否定的なものではなく、どちらも重要で、これら二つのフェイスを脅かすことなく配慮することが、「ポライトネス」という在り方になります。

$$Wx=D(S, H)+P(S, H)+Rx$$

Wx＝行為xが相手のフェイスを脅かす度合い
D (S, H)＝話し手と聞き手との社会的距離
P (S, H)＝聞き手と話し手の相対的権力
Rx＝行為xの特定の文化における押し付けがましさの順位

二つのフェイスを脅かすような行為はＦＴＡ（Face Threatening Act）と呼ばれ、見積もり公式が発表されているので、紹介しましょう。

ＦＴＡの度合いを見積もったうえで、適切なコミュニケーションを行うと、二つのフェイスを守ることができ、心地よい会話が可能となるわけです。

その方策を「ポライトネス・ストラテジー」と呼び、十五のポジティブ・ポライトネス・ストラテジーと、十のネガティブ・ポライトネス・ストラテジーが提唱されています。

ここでは、すぐにでも実践できるストラテジーとなる具体的なコミュニケーション方法を、それぞれ三つずつ紹介したいと思います。

＊ポジティブ・ポライトネス・ストラテジー

一、あだ名やファーストネーム、仲間だと実感できるような呼称を使う
「次の試合も頼むぞ！　エース！」

エースと呼ぶことで、チームの一員であり、皆が信頼している存在だということが伝わります。

二、相手の持ち物や状況、欲求などに注意を払う
「自転車で来たんでしょ？　喉渇いたんじゃない？　何か飲む？」

ただ単に、「何か飲む？」と聞かれるよりも、気遣かっていることが伝わります。

三、理由を述べる、相手にも求める
「今日は一緒にランチいくでしょ！　懇親会の企画、そろそろしないとね！」

ただ、「ランチに行かない？」と誘うよりも、一緒にランチに行く必要性や意味合いが強化されます。

＊ネガティブ・ポライトネス・ストラテジー

一、悲観的態度で話す
「これは、あなたに頼むようなことじゃないと思う。でも、話だけ聞いてくれる？」

相手を尊重し、遠慮の気持ちがあることが、はっきりと伝わります。

二、押し付けず、断わりやすく話す
「無理なら遠慮なく断わってくださいね。実は、会社のパーティがあって、よかったらご招待したいのですが……」

断りやすくなる表現を加えることで、相手への負担を軽減できます。

三、ルールのように話す
「会場内は禁煙になっております」

ルールとして一般化することで、相手に注意するというイメージが薄れます。

仕事上のコミュニケーションでは特に、座る位置、名刺交換の順序、敬語など、マナーにばかり意識が向きがちで、失礼のないようにと気を遣ってしまうものですが、そこでの会話を心地よくするためにも、言葉の選び方や使い方にも目を向けてゆきたいものですね。

さて、第五章では、人生を彩る言葉をみていきましょう。

第五章 ❖ 人生を彩る言葉

30. 情熱

とにかく誇示・鼓舞したい

前提にあるもの

熱意・勢い・思慮深さに欠ける

頻出するシチュエーション

無茶なプラン・人を巻き込みたいとき・広く心を掴《つか》みたいとき

「情熱的な言葉」は、自分を誇示し、人を鼓舞したいときに使われます。

人に強く印象づけることができますから、同じことでも情熱的に語りかけられると、心が動いてしまうものです。実力も努力も伴う人が情熱的な言葉を身に付けると、社会へ大きく影響し、多大な功績を残すこともあります。

一方で、心根の軽い人が「情熱的な言葉」を使うときには、よくよく注意が必要です。やや考えが足りなくて、ただ熱っぽく話しているだけという場合もあるものです。無茶・無謀な計画を推し進めるために、人を集めたくてよく使われます。

「情熱」と合わせて使われる言葉によって、その奥にあるものが覗けることがあります。

①「志」という言葉と合わせて使う。
検証性のない思いつきでも、自分の言い分を通したい。

②「友情」という言葉と合わせて使う。
相手にも、「自分と同じように考えてほしい」と縛る。

③「夢」という言葉と合わせて使う。
大言壮語《たいげんそうご》であることが多い。

④「自信」という言葉と合わせて使う。
実力以上の力があるように見せたくて言う。

⑤「一生大切にする」という言葉と合わせて使う。

無責任な思いつきと自己アピール。

今現在、出来ていないことについて、希望的観測を述べるときに、それっぽく勢いをつけるために使われることが多いのです。

「情熱」と聞くと、それだけで、つい心が動かされてしまいますが、その言葉には明確な実体がなく、何かを淡々とやり続けることができる人にとっては、必要性を感じない言葉でもあります。

「情熱」という言葉は、発する人次第。

「誰が、何を目的に使っているのか」を見極めることにしましょう。

31. 希望

自分の身に良いことが起こりますように

前提にあるもの

果てしない望み・欲望

頻出するシチュエーション

現状に満足できていないとき・救われたいとき

「希望」という言葉は、現状が思いどおりでなく、もっと理想に近づきたいときに使われます。

「希望は持ち続ける」
「希望はあります」

可能性の低いときに使われる言葉でもあります。

「希望さえあれば」

「希望的観測では」

口にするとどこか心地よく、落ち込んでいる人を前にすると、無責任に使ってしまう言葉でもあります。

「希望を持って」
「希望を捨てないで」

いかにも、持っていたほうが良い言葉として使われるので、見失うと不安になる人もいます。

「希望が持てなくて……」
「希望が見えなくて……」

「希望」という言葉は、知らないうちに葛藤や囚われにつながっていき、それが思わぬ足かせになることもあります。

「希望を捨てることはできない」
「希望を奪うようなことを言うな」

手に入らないかもしれない希望を強調するがあまり、今日という日に集中できなかったり、今目の前にある大切なことを軽視してしまったり……。

アメリカの警句家、アシュレイ・ブリリアントは、このように表現しています。

「希望すら捨てきって、今は更に気分がいい」
――アシュレイ・ブリリアント――

また、同じくアメリカの神経心理学者、ポール・ピアソールは、このように言います。

「希望を捨てたら幸せが見えてきた」

――ポール・ピアソール――

辛いときには心の支えになる言葉でもありますが、何が何でも必要なものではないし、時には手放してみれば、現実に目が向き、しっかりとした足取りで歩きだせることもあるのかもしれません。

32. 幸せ

自分の状態をいいように思いたい

❖前提にあるもの❖

自己肯定の欲求

❖頻出するシチュエーション❖

何かが思いどおりになったとき・あきらめるとき

「幸せ」という言葉は、何かが自分の思いどおりになったときや、なっているときによく使われます。

「会えて幸せ」
「旅行ができて幸せ」
「美味《おい》しくて幸せ」

「幸せになりたい」「どうしたら幸せになれますか?」と言う人は多いけれど、何を幸せに思うかは人によって異なりますから、好きなものや手に入れたいものを明確にすれば、幸せは手に入りやすくなります。

また、「幸せ」という言葉は、あきらめに使うこともできます。

事故にあったときに
「骨折だけで済んで、まだ幸せだよ」
入学や就職のときに
「第一希望ではないけど決まっただけでも幸せ」

自分を哀れに思いたくなくて、使われることもあります。

失恋したときに
「彼と付き合えただけでも幸せ」
「彼女と出会えただけでも幸せ」

何かひとつでも幸せな部分が見出せれば、心を治めることができるのです。

「幸せ」という言葉には、そもそもふわっとしたイメージがあり、すごく曖昧に、調子よく使われることもありますので、相手が持ち出してきたら、時には内容をハッキリとさせておくことも必要です。

婚約者から

「一生幸せにするよ」

と言われたら、

「ありがとう！」

と喜ぶだけでなく、

「私の幸せはね、あなたが真面目に働いて、子育てや家事にも協力的で、楽しめる程度に仕事もしたいから理解もあって、一度も浮気しないことだからね。よろしくね！」

など、具体的にしておいたほうがいいかもしれません。

「幸せ」とは、あるといえばある、ないといえばない概念ですから、その実体を明確に示さないと、いいようにはぐらかされてしまう言葉でもあるのです。

33. 自由

自らに由《よ》って立つ

❖前提にあるもの❖

何でも自分でできる

❖頻出するシチュエーション❖

依存しないでいい状態

「自由」という言葉を口にするとき、何かから逃げたくて、または逃げ出した後に、使う人も多いです。

今の仕事を辞めたくて。

「自由になりたい」

離婚して。

「今日から自由だ」

拘束された状態からの解放を意味するときもあります。

子育てが終わって。

「時間が自由になった」

試験期間が終わって。

「やっと自由だ」

忙しい仕事が一段落して。

「今日だけは自由だ」

好き勝手できるようになった状態を表して言う人もいますが、自由という言葉がもつ本来の意味は、自分勝手できることでもなく、何かから逃げ出せた状態でもありません。

「自由」とは、仏教用語で、「自《おのずか》らに由《よ》る」です。他に依存することなく、自分自身を拠《よ》り所にし、独立し、存在することを意味します。

修行が進んだうえで得られる徳であり、何事にも囚われることのない悟りを得た状態です。

他者の意見に簡単に振り回されることもなく、自らに由って立ち、何でもできるから「自由」であり、依存が必要な限り、不自由なのです。

勝手気ままな状態ではなく、自分のことにすべて責任をもち、自身の足でしっかり立っている、そのような意味で、ぜひ使いたい言葉ですね。

おわりに——言葉の不確実性

言葉って本当におもしろいですね。

この本では、33の言葉を取り上げて、その言葉の奥にある心理の一面を探ってきました。もちろん、一概に決めつけることはできませんので、いくつかの例をあげながら解説してきました。

私たちは、お互いの言葉を憶測《おくそく》し合いながら、会話を重ねています。おそらく、表現したいように表現すればいいし、受け取りたいように受け取っていいのだと思います。

大切なのは、

「言葉は、相手に取りたいように取られてしまうのだ」ということを知っておくこと。

そして、

「自分も、言葉とは別の意図があって、その言葉を用いることがある」ということを知っておくこと。

言葉のもつ、本質的な不確実性は、裏切りではないと思うのです。

最後まで読んでくださって、ありがとうございます。

晴香葉子

【参考文献】

『I Feel Much Better Now That I'Ve Given Up Hope』Brilliant Enterprises／Ashleigh Brilliant
『ことばの意味とはなんだろう』岩波書店〈二〇一二年〉今井邦彦・西山佑司
『新訳 ハムレット』角川書店〈二〇〇三年〉William Shakespeare（著）河合祥一郎（訳）
『ヨーロッパの図像 神話・伝説とおとぎ話』パイインターナショナル〈二〇一三年〉海野弘（監）
『ことばの社会心理学（第4版）』ナカニシヤ出版〈二〇一〇年〉岡本真一郎
『日本語語源辞典（第2版）』学研教育出版〈二〇一四年〉学研辞典編集部（編）
『わたしを離さないで』早川書房〈二〇〇八年〉カズオ・イシグロ（著）土屋政雄（訳）
『カウンセリング辞典』誠信書房〈一九九〇年〉國分康孝（編）
『現代カウンセリング事典』金子書房〈二〇〇一年〉國分康孝（監）
『現代カウンセリング心理学事典』誠信書房〈二〇〇八年〉國分康孝（監）
『日本の感性が世界を変える―言語生態学的文明論―』新潮社〈二〇一四年〉鈴木孝夫
『〔入門〕ことばの世界』大修館書店〈二〇一〇年〉瀬田幸人・保阪靖人・外池滋生・中島平三
『言語とコミュニケーション』東京大学出版会〈一九八八年〉竹内敬人
『入門ことばの科学』大修館書店〈一九九四年〉田中晴美・樋口時弘・家村睦夫・五十嵐康男・下宮忠雄・田中幸子
『新約聖書 福音書』岩波書店〈一九六三年〉塚本虎二（訳）
『心理学辞典』有斐閣〈一九九九年〉中島義明・子安増生・繁桝算男・箱田裕司・安藤清志・坂野雄二・立花政夫（編）
『岩波 哲学・思想事典』岩波書店〈一九九八年〉廣松渉（編）
『対人関係の言語学―ポライトネスからの眺め―』開拓社〈二〇一三年〉福田一雄
『負ける！ やめる！ あきらめる！ 希望を捨てたら幸せが見えてきた』光文社〈二〇〇六年〉Paul Pearsall（著）藤井留美（訳）
『ことばの由来』岩波書店〈二〇〇五年〉堀井令以知
『知覚と行為の認知言語学―「私」は自分の外にある―』開拓社〈二〇一三年〉本多啓
『小説家の休暇』新潮社〈一九八二年〉三島由紀夫
『新明解 国語辞典（第七版）』三省堂〈二〇一一年〉山田忠雄・柴田武・酒井憲二・倉持保男・山田明雄・上野善道・井島正博・笹原宏之（編）

晴香葉子（はるかようこ）
作家・心理学者・心理コンサルタント
東京都出身。文学修士（コミュニケーション学）。早稲田大学オープンカレッジ心理学講座講師。日心連「心理学検定」1級。所属学会：日本心理学会／日本社会心理学会／他。テレビ、ラジオ、雑誌など、メディアでの心理解説実績多数。心理学・コミュニケーション学について、様々な角度から情報を提供している。著書多数、海外でも4冊出版。『現代日本執筆者大事典第5期』に現代日本を代表する執筆者として紹介。

主な著作　『ビジネスマナー＆コミュニケーション解決BOOK』『願が叶う4つの贈り物』『幸せの法則～どんな時も優しさ変えて』（以上、彩雲出版）／『リグレット～今でもあなたが恋しくて～』『小さなことに落ち込まないこころの使い方』『なぜ、いちばん好きな人とうまくいかないのか？～ベストパートナーと良い関係がずっとずっと続く処方箋～』（以上、青春出版社）／『「こんなはずじゃない」自分に負けない心理学』（明日香出版社）／『「本心がわからない」ときに読む本』（あさ出版）／『もてる！「星の王子さま」効果 女性の心をつかむ18の法則』（講談社＋α新書）

言葉って不思議だと思いませんか？

――その“言葉”を使うときの人間の心理――

平成27年12月24日　初版第1刷発行

著　者　晴香葉子
発行者　鈴木一寿

発行所　株式会社 彩雲出版　埼玉県越谷市花田4-12-11　〒343-0015
TEL 048-972-4801　FAX 048-988-7161

発売所　株式会社 星雲社　東京都文京区大塚3-21-10　〒112-0012
TEL 03-3947-1021　FAX 03-3947-1617

印刷・製本　中央精版印刷株式会社

ISBN978-4-434-21428-8
定価はカバーに表示しています